L'AVENIR

DE LA FRANCE.

RÉFLEXIONS ET CONSEILS,

PAR

Charles DE VIEL-CASTEL,

ancien rédacteur de l'Indépendant.

PRIX : 15 CENTIMES.

PERIGUEUX,

BAYLÉ, LIBRAIRE,
Rue Taillefer.

CH. LENTEIGNE, LIBRAIRE,
Rue Taillefer.

1851.

L'AVENIR

DE LA FRANCE.

———

Nisi in domino domum edificaveris,
in vanum laboraverunt edificantes.

Si vous n'édifiez pas une maison sous
la protection du Seigneur, c'est en vain
que vous travaillerez à la rendre solide.

Consacré librement pendant quinze mois à l'instruc=
tion des ouvriers et des cultivateurs, je me suis assuré
que le bon sens et la droiture, fort compromis dans la
sphère accoutumée de la politique et des discussions trans-
cendantes s'étaient réfugiés chez ces hommes bons et pro-
bes; que, trop longtemps abreuvés aux sources des
pamphlets socialistes, ils en reconnaissaient le vice et la
fausseté; qu'ils accueillaient avec joie toute vérité religieuse
ou sociale sincèrement et simplement exprimée; qu'en
un mot, la presse catholique et morale pouvait guérir,
à elle seule, les innombrables blessures faites à notre
pauvre France par la presse athée et révolutionnaire,
depuis 89 jusqu'à nos jours.

C'est donc à eux surtout que j'adresse cette brochure;
car les temps sont toujours difficiles, et l'avenir, nous le
croyons fermement, dépend de l'union de tous les honnêtes gens. Nous n'avons jamais, même aux jours les

plus sombres , désespéré de la patrie. Comment , au milieu de la résurrection morale qui s'opère incontestablement sous nos yeux, pourrions-nous douter que le temps des miséricordes est proche et que notre siècle, né au milieu des convulsions et des tempêtes, doit vieillir et s'endormir dans les bras d'une société régénérée sous l'ombre tutélaire de la croix ? Mais la sagesse des nations a dit : *Aide-toi, le ciel t'aidera,* et nous devons tous, chacun suivant notre rang, la mesure de nos forces et de notre intelligence, aider au grand travail de Dieu, car, en vérité, le monde a tellement tremblé sur ses bases depuis soixante ans, que l'œuvre créatrice est presque à refaire.

Mes chers lecteurs de l'*Indépendant*, vous qui m'avez prêté une attention bienveillante et pleine d'indulgence, car vous saviez que j'avais pour vous instruire et pour vous consoler, sinon l'éloquence de la plume et des lèvres, au moins le zèle et l'entraînement du cœur, je vous offre, je vous dédie ces pages. Puissiez-vous y trouver quelques bons enseignemens, quelques vérités profondes, et vous en souvenir aux jours d'épreuves et de luttes que la Providence nous garde encore.

Mon journal comptait aussi de nombreux amis parmi les pasteurs des âmes. Leurs encouragemens m'ont plus d'une fois soutenu dans la voie douloureuse des contradictions et des inimitiés qui grondaient autour de moi ; car il suffit, par les tristes temps où nous sommes, de refuser sa plume à toutes les fureurs, à toutes les exagérations de parti, d'où qu'elles viennent, de rechercher avant tout avec une soif ardente la justice, la vérité, l'intérêt général, le salut de la patrie, sans acception de personnes ni de pensée politique , pour attirer sur sa tête un concert d'hostiles clameurs, qui, du reste, ne m'émeuvent guère et ne m'arrêteront jamais. La vérité, *c'est Dieu;* la seule révélation, *c'est le catholicisme.* Tout ce qui vient des hommes, si sacré et si respectable que cela paraisse, est sujet à erreur et à contradiction. Ainsi donc, avant d'être n'importe quoi en politique, lorsqu'on est fermement et invinciblement catholique, on peut espérer, avec l'aide de Dieu, de marcher toujours dans la voie droite, et l'homme qui se mêle d'enseigner et d'éclairer les autres hommes, doit, par dessus toutes choses, les rappeler au sentiment des croyances, à la pratique et à la foi de leurs pères.

Oui, nous espérons dans l'avenir, et nous espérons fermement, car le mouvement religieux se prononce chaque jour ; car, sur le terrain des principes politiques, une œuvre de sagesse et de réconciliation s'accomplit ; car les amours-propres semblent s'effacer et préparer une ère de trève indispensable, selon nous, à la réalisation complète de la restauration sociale. C'est dire en quelques mots l'objet et la division de notre brochure : nous traiterons successivement *du mouvement religieux*, de *la fusion* et de *la transition* ; puis nous oserons encore adresser, en terminant, à nos concitoyens quelques simples conseils puisés dans notre conscience et dans notre ardent désir de voir se terminer les maux de la patrie.

Et maintemant, comme au premier jour où nous prîmes la plume pour rédiger l'*Indépendant*, comme au début d'un combat s'écriaient les chevaliers d'autrefois, nous disons le front incliné : *Que Dieu nous soit en aide !*

Du mouvement religieux.

Toute société a pour fondement le respect des croyances et des mœurs. Effacez les unes du cœur d'un peuple, relâchez la sévérité des autres, et cette nation ainsi frappée ne garde plus l'apparence de la vie et du mouvement que pour courir plus vite à sa perte. Toutes nos révolutions, tous nos désastres, et ces fleuves de sang qu'a versé la terreur, et ces torrens de ruines grossis par des catastrophes successives pendant les 60 dernières années de notre vie politique, prennent leur source dans le protestan-

tisme (1). Il y avait, au xve siècle, un moine orgueilleux et
charnel qui s'appelait Luther. Pour le châtiment de l'hu-
manité, Dieu permit que cet homme naquit avec une
intelligence supérieure et des passions farouches. Comme
il ne pouvait ceindre la tiare, comme les règles du cloître
le condamnaient au célibat, il se révolta et contre l'unité
catholique et contre la morale catholique, et pour s'inves-
tir d'un pontifical pour étouffer le cri de sa conscience
qui lui reprochait ses désordres, il institua le protestantisme. D'autres vinrent après lui, sombres ambitieux
comme Calvin, qui, sous prétexte de tolérance, faisait
brûler, par la main du bourreau, tous ceux qui essayaient
à leur tour d'innover et ne reconnaissaient pas sa supré-
matie religieuse, ou bien dévastateurs furibonds à l'instar
de Jean de Leyde (le chef des communistes connu sous
le nom du prophète), car le socialisme fut inventé et mis
en pratique en même temps que le protestantisme, et les
modernes apôtres de l'anarchie n'ont même pas le triste
mérite d'avoir créé des horreurs nouvelles. Je n'entre-
prendrai point le récit des luttes qu'enfanta la réforme,
il m'entraînerait trop loin ; mais ce que l'histoire démon-
tre jusqu'à l'évidence, c'est que depuis le xvie siècle,
les peuples, ébranlés dans leurs croyances, privés des
lumières de la foi qui seules éclairent et soutiennent
l'homme dans ce monde, lui font accepter les douleurs
physiques et morales de l'existence, l'inégalité nécessaire
des conditions, comme une courte épreuve et la voie qui
mène à une autre vie, ces peuples dont on avait éteint
l'âme en surexcitant tous les instincts brutaux, toutes les
passions furibondes, ne connurent plus un instant de paix,
ce furent et des guerres religieuses et des luttes politiques
sans cesse renaissantes. Enfin Voltaire parut ; c'était la

____

(1) Tout ce que nous disons ici du protestantisme en lui-même, s'entend de son principe, n'impliquant en aucune manière des pensées hostiles envers nos frères séparés ; nous souhaitons ardemment leur re-
tour à la vérité, et nous n'avons ni le droit ni l'intention de nous insti-
tuer leur adversaire ou leur juge.

torche qui devait faire éclater la mine ! Ce railleur hideux et cynique, ce fanfaron d'impiété (car, dans la solitude et au tribunal de sa conscience, il croyait, puisqu'à son dernier jour il appelait un prêtre en rugissant de terreur), ce démon impitoyable acheva d'arracher à son siècle la dernière notion du bien et du mal. Il déifia l'infamie et prostitua la virginité. Il fit du saint nom de Dieu le plastron de toutes les plaisanteries, railla les livres saints et leur simplicité majestueuse, appelant à lui tous les esprits pervers, tous les ambitieux sans frein pour compléter son œuvre, dont le dernier terme fut le cahos. A cet homme toutes les classes de la société avaient prodigué leurs applaudissemens ; toutes avaient partagé son délire et ses blasphèmes, toutes furent épouvantablement punies. Personne n'ignore que la révolution française emporta dans son cours la société d'alors tout entière et détruisit les autels de Dieu en égorgeant ses ministres. Aussi quand vint, au jour et à l'heure marqués, l'homme de la Providence, Napoléon-le-Grand, sa première action fut de rouvrir les églises et d'arborer la croix. Peu à peu l'intelligence humaine se réveilla, les hommes comprirent jusqu'où les avait conduit ce délirant orgueil qui leur inspirait de s'ériger en Dieu ; mais la gangrène avait trop profondément pénétré dans les âmes, et il fallut encore cinquante ans d'épreuves, trois révolutions, des maux sans nombre, pour humilier et briser leur inconcevable superbe et leur faire demander merci. Depuis deux ans seulement, le mouvement religieux s'est prononcé partout avec force, franchise. De toutes parts, les meilleures intelligences, les cœurs les mieux nés, les hommes de conditions, d'opinions, d'origine les plus diverses, viennent ensemble s'incliner au pied des mêmes autels et dire à Dieu, comme saint Pierre : « Seigneur, sauvez-nous, nous périssons. »

J'en prends à témoin et le magnifique exemple donné à Paris (cette reine du monde et de la civilisation, malgré tout), ce magnifique exemple de *quatre mille* hom-

mes de tout rang et de tout état communiant ensemble au pied des autels de la vieille basilique, et ceci s'est
accompli par un temps de liberté absolue, lorsqu'aucune
considération humaine ne peut engager qui que ce soit
à pratiquer la religion, au milieu d'une société dont les
formes sont encore sceptiques et les lois athées. De même
par toute la France, pendant le jubilé, des populations
entières sont rentrées dans le sein du catholicisme pratique, hommes, femmes, vieillards, enfans, et partout l'on
entend dire : « Nous avons oublié Dieu, nous avons été
frappés ; nous ne voulons pas que nos fils soient aussi
malheureux que nous. »

Cette résurrection morale suffit à elle seule pour rassurer
les plus timides, car lorsqu'un peuple revient au vrai Dieu
avec un seul cœur et une seule foi, il est bien près de revenir
au vrai pouvoir, au pouvoir fort et sérieux avec la même
force de conviction, le même entraînement raisonné. Au
reste, le mouvement religieux ne se prononce pas seulement au sein de notre belle patrie. Voyez l'Angleterre, si
longtemps enchaînée sous le joug du matérialisme protestant, elle qu'un jour son roi se fit hérétique et schismatique,
parce que le pape ne voulait pas sanctionner en ce
prince le meurtre et l'adultère ; l'Angleterre est envahie
par le catholicisme. En vain son clergé protestant, si
riche de terres et si pauvre de vertus, ameute-t-il, à force
d'argent et de vin, la lie des grandes cités contre les évêques
catholiques ; ces évêques, armés de leur pauvre crosse et
de l'onction sainte, passent invulnérables, et leur trou-
peau grandit comme les vagues de l'Océan. Au reste,
quand nous avons vu l'armée française, malgré les mau-
vaises inspirations du dedans et les ennemis du dehors,
relever le trône du souverain pontife ; quand nous avons
vu, sous la protection d'une égalité, la seule *juste* et *vraie*,
avec l'exercice d'une liberté, la seule *sainte* et *complète*,
tous les ordres religieux exercer leur ministère de prédi-
cation de consolation ou d'enseignement sur le sol de la
France, nous avons compris que la société était sauvée.

Ce mouvement religieux est pour l'avenir moral et matériel du pays le gage le meilleur et le plus rassurant. C'est maintenant aux catholiques régénérés, c'est au clergé, toujours si pur, si patriotique et si digne d'une mission de concorde et de justice, qu'il appartient de réchauffer le germe de la pacification universelle dans nos âmes, d'étouffer les préjugés, ces cruels serpens enfantés par la calomnie, l'envie ou la stupidité; de rapprocher enfin tous les fils d'une même patrie et de les mener avec un seul cœur à la conquête de l'avenir. Mais si le mouvement religieux, dans l'ordre moral, suffit pour ouvrir nos cœurs à l'espérance, nous voyons dans l'ordre politique une grande transformation s'accomplir chaque jour. Nous ne nous dissimulons pas quelles difficultés inouies la *fusion*, car c'est d'elle que nous voulons parler, rencontrera pour pénétrer au sein des anciens partis. Elle heurte au premier abord les préjugés des uns et des autres; cependant nous sommes intimement convaincu qu'elle se fera. Il lui faut le temps, ce grand maître, comme a dit Mme de Sévigné. Au reste, nous allons exposer franchement à cet égard nos pensées et nos réflexions, persuadé d'avance qu'elles ne pourront plaire à tout le monde, mais préférant à l'approbation universelle le témoignage de notre conscience.

De la fusion.

Le socialisme ne puise sa valeur réelle que dans les divisions du parti de l'ordre. Nous l'avons dit et prouvé cent fois, lorsque nous prenions part aux luttes journalières de la presse. Partant de cette vérité incontestable, nous dirons aussi que le parti de l'ordre aura la victoire le lendemain du jour où il abjurera ses préjugés et ses divisions intestines pour marcher sous un seul drapeau. En 1830, une révolution s'accomplit; le peuple de Paris égaré, comme toujours, par l'ambition individuelle d'hommes habiles, par les discours de prétendus patriotes qui réveil-

laient tous les vieux instincts de liberté, toujours si vivaces
au cœur des Français, le peuple de Paris brisa le trône
de France ; et le bon roi Charles X, les princes de sa
famille, enfin le duc de Bordeaux, seul et dernier hé-
ritier de sa branche, prirent le chemin de l'exil. A côté du
trône vivait et s'agitait la première maison de France, la maison d'Orléans. Le chef de cette maison ramassa la couronne,
tombée pendant la lutte des trois jours, et en ceignit son
front. Il est mort à son tour dans l'exil, et Dieu nous garde,
dans ces quelques lignes toutes empreintes du désir le
plus ardent d'union et de paix, Dieu nous garde de rappeler les fautes ou les crimes des partis et des hommes.
Enfin, les esprits monarchiques se trouvent, en face de la
révolution, divisés en deux camps. Les uns, les soldats
du vieux droit national, veulent, dans l'intérêt de la France
et non point dans un intérêt privé (quoiqu'on puisse
dire), rendre, par la restauration du principe qui person-
nifie le comte de Chambord, toute la confiance qui lui
manque à notre crédit, toute la sécurité dont il a besoin
à notre avenir.

Les autres, serviteurs exclusifs de la maison d'Orléans
veulent, ou plutôt ont longtemps voulu, relever purement
et simplement le trône de juillet pour y asseoir le comte
de Paris, sous la régence de la duchesse d'Orléans.

Mais l'homme le plus éminent du régime de 1830, M.
Guizot, le philosophe, l'historien, l'orateur en chef de toute
l'école doctrinaire, après bien des luttes avec lui-même,
a compris, par la seule force de son intelligence, qu'une
tentative de restauration monarchique en dehors des
principes même de la monarchie, c'est-à-dire de la succession
naturelle et légitime, par ordre de primogéniture, serait simplement une usurpation, une révolution de plus. D'autres
personnages, également considérables dans le parti conser-
vateur, ont suivi son exemple, et l'un des organes les
plus accrédités de la presse parisienne, l'*Assemblée natio-
nale*, se consacre aujourd'hui à propager et à développer

les idées de fusion. Nous disions tout à l'heure que ces idées pénétreront difficilement ; oui, mais elles pénétreront sûrement et par la force même des choses, pourvu que les gens de bonne foi ne se laissent pas surprendre par les impatiens et les brouillons des deux partis. En effet, et je le dis la main sur la conscience, tout l'avenir de la France est là. Dans cette fusion, qui a pour objet d'opérer à l'heure marquée dans les décrets de la Providence l'union des deux branches de la maison de Bourbon, est le seul moyen de salut définitif qui nous reste. 1830 fut le règne exclusif de la bourgeoisie ; comme tout règne exclusif, il est tombé. La bourgeoisie représentait uniquement la puissance financière, le crédit commercial. Or, cet élément, tout fort qu'il soit, ne peut pas à lui seul gouverner la société ; il doit se fondre et avec la propriété territoriale et avec l'aristocratie intellectuelle que représentent toutes deux, à des degrés divers, l'ancienne noblesse, les ouvriers et les cultivateurs. Il faut que la société soit refaite depuis son sommet jusqu'à sa base, et que dans cette nouvelle organisation il y ait place pour tous les intérêts légitimes. L'apologue du corps et des membres est vieux mais éternellement vrai : les membres se révoltèrent contre l'estomac et la tête, ils furent paralysés ; l'estomac et la tête voulurent vivre seuls, ils devinrent impotens. C'est l'inflexible raison qui vous dit ces choses et qui vous conseille d'abjurer vos préjugés, de confondre vos intérêts. Ce ne sera pas l'œuvre d'un jour, nous le savons, d'un an, de deux ans, de trois ans peut-être, aussi nous avons dit : arrière les ambitieux et les impatiens, mais en avant les bons citoyens, les patriotes sincères, quelles qu'aient été jusqu'ici leur nuance ou leurs affections. Nous les conjurons de réfléchir et de s'éclairer, et nous sommes convaincu qu'ils viendront un jour reconnaître qu'aujourd'hui nous disons vrai. Mais ce n'est pas tout de préparer l'avenir d'une nation, il faut songer aux embarras du présent, il faut traverser avec sagesse et fermeté les crises qui nous séparent encore d'un état stable et définitif ; il ne faut pas jouer sur un coup de hasard les destinées des 35 millions d'hommes ; aussi tous les efforts actuels des honnêtes gens doivent-ils tendre à établir et à soutenir pendant tout le temps nécessaire un pouvoir protecteur, fort et honnête ; c'est ce que nous appelons la *transition*. Ici nous allons blesser les impatiens, nous allons attirer sur nous leurs anathèmes. Qu'importe ! après tout.

De la transition.

Nous sommes à l'aise pour parler de la transition et du nom qui, selon nous, doit la personnifier ; car nous n'avons jamais dévié, pendant notre carrière de publiciste, de la ligne la plus ferme et la plus modérée. Nous avons de toutes nos forces défendu le prince-président comme chef de l'état et comme rempart de l'ordre, en blâmant, sans restriction, ceux de ses actes, ou plutôt les actes de ses amis qui pouvaient faire soupçonner des velléités d'usurpation.

Nous disions, au 1er février 1850 (Voir l'*Indépendant*) : « La cause de Louis-Napoléon est celle de la société ; il n'a pas besoin, pour la défendre, de recourir à des brouillons qui rêvent un empire quelconque impossible à prendre au sérieux. »

Nous disions encore, le 20 novembre, à propos du message : « Nous y avons vu à découvert l'âme du prince-président. Nous savons qu'elle est trop haute et trop franche pour jouer le rôle infâme et déloyal auquel ses étranges amis voudraient le condamner. »

Ces citations prouvent que nous acceptons tout notre passé sans en retrancher une ligne, et nous mettent à l'aise pour parler du présent. Et c'est précisément parce que nous ne comptons pas parmi les adulateurs du pouvoir, parce que nous n'avons aucun intérêt comme aucune antipathie personnelle en jeu, que nous regardons la révision de la constitution et la réélection constitution-

nelle du prince-président comme la seule voie de transition possible et raisonnable vers un avenir meilleur. Que
serait la monarchie (en admettant les hypothèses les plus
favorables), restaurée, du jour au lendemain, sur le sa-
ble, sur la lave, pour mieux dire, qui forme actuelle-
ment le sol de la France. Alors que la société entière est
au creuset, que ses élémens confondus bouillonnent et
que les orages socialistes, sans cesse dissipés et sans cesse
reformés, grondent sur toute la ligne de notre horizon.
Il faut l'immense latitude que donne la forme républicaine
pour une répression énergique dans les momens suprê-
mes. D'un instant à l'autre, et pour le salut de tous, un
président de république peut et doit se transformer en
dictateur; un roi, jamais; car sa puissance, symbole de
la puissance paternelle, est plutôt forte d'un pouvoir
moral que d'une domination matérielle; son sceptre est
d'or et non de fer. Maintenant, l'hypothèse de la forme
républicaine admise pour quelques années encore, se
présente une question immense et qui domine toutes les
autres, la question du crédit public. Au sommet de la
société, il faut placer un nom qui rassure, symbole
d'ordre, de force et de probité. Or, sans diviniser, tant
s'en faut, le prince-président, nous lui rendons cet
hommage qu'il est un homme probe et courageux; puis,
on a beau dire, les peuples s'éprennent du nom des
hommes, et ce grand nom de Bonaparte fait et fera
longtemps battre les cœurs français. Quelques-uns viendront s'écrier: « Mais en réélisant Louis-Napoléon, vous
le faites empereur. » Non, répondrons-nous; car le président,
nous le croyons du moins, n'usurpera point et ne veut
pas usurper, et puis la France qui lui continuerait avec
joie son mandat actuel ne le suivrait pas, nous le croyons
du moins, sur un terrain complètement différent. A l'ap-
pui de notre opinion, nous citerons, en terminant, ces
belles paroles du message et les réflexions que nous y
avons ajoutées :

« Le but le plus noble et le plus digne d'une âme élevée

« n'est point de rechercher, quand on est au pouvoir, par-
« quels expédiens on s'y perpétuera, mais de veiller sans
« cesse au moyen de consolider, à l'avantage de tous, les
« principes d'autorité et de morale qui défient les passions
« des hommes et l'instabilité des lois. »

Nous disions alors au président de la république : « Oui,
prince, c'est là la plus noble tâche ! C'est dans la sphère
bien faible encore de notre influence le but que nous
poursuivons de toutes nos forces et de tout notre esprit,
réveiller dans les cœurs le sentiment de la morale, le
respect et l'amour de la foi religieuse, et ressusciter à tous
les degrés de l'échelle sociale la pensée du devoir et de
l'autorité. » (1) Voilà, nous en sommes convaincu, l'œuvre
qu'accomplira le prince-président, et voilà pourquoi
nous souhaitons de voir la transition symbolisée dans
sa personne. Au reste, ses meilleurs amis ne peuvent lui
désirer de gloire plus complète et plus pure, les meilleurs
citoyens ne peuvent pas souhaiter un meilleur avenir
à la France.

Simples conseils.

Maintenant, chers lecteurs, si vous avez eu la patience
de nous suivre à travers ces pages inspirées par notre
amour du bien public et du vôtre en particulier, écoutez,
en terminant, quelques conseils d'une voix amie. Nous
entrevoyons, il est vrai, pour la France un meilleur
avenir ; nous avons même une foi complète en sa réalisation, mais, comme nous vous le disions en commençant, Dieu
veut que nous soyons nous-mêmes les instrumens de notre
propre salut. Des élections partielles et générales nous
attendent dans un avenir fort prochain. C'est là l'instant
décisif ; c'est là que la négligence, la mollesse, l'irré-
flexion de chaque honnête homme peut perdre la France,
comme son énergie, son bon sens, et son exactitude peu-

(1) *Indépendant* du 16 novembre 1850.

vent la sauver. D'abord que pas un de vous ne s'abstienne. Le suffrage universel, en vous déléguant une portion du pouvoir politique, vous charge d'une lourde et sérieuse responsabilité ; déposer ce fardeau serait lâcheté et trahison, serait donner une chance aux éternels ennemis de la société, à ceux qui n'attendent qu'un succès légal pour nous offrir la hideuse alternative de subir leur joug ou de courir aux armes.

Puis choisissez surtout, sans préoccupation personnelle, les hommes intelligens, éminens et généralement reconnus pour tels ; les hommes fils de leurs œuvres ou de leurs aïeux, mais que leur valeur morale, intellectuelle ou sociale, que leurs vertus, leur intégrité, vous recommandent. Trop souvent des jalousies mesquines écartent du scrutin un nom par cela seul qu'il emporte avec lui-même une supériorité de talent ou de position, et cette basse jalousie livre l'honneur de vous représenter aux personnes qui en sont le moins dignes. C'est là tout à la fois un grand danger et un grand malheur. Un département s'honore, au contraire, lorsqu'il envoie siéger parmi les représentans de la France ses meilleurs et ses plus illustres citoyens. Puissiez-vous, aux prochaines élections, donner ce noble exemple !

Périgueux. Imprimerie d'Auguste Boucharie.

* 9 7 8 2 0 1 2 4 7 6 6 8 4 *